LES PRÉNOMS

DANS LE CANTON DE LONGUEVILLE (SEINE-INFÉRIEURE)

AUX XVIe ET XVIIe SIÈCLES

Par P. LE VERDIER

ROUEN

Imprimerie CAGNIARD (Léon GY, successeur)

1896

à Monsieur L. Delisle
Membre de l'Institut
très respectueux hommage
[signature]

LES PRÉNOMS

DANS LE CANTON DE LONGUEVILLE (SEINE-INFÉRIEURE)

AUX XVI° ET XVII° SIÈCLES

Par P. LE VERDIER

ROUEN

Imprimerie CAGNIARD (Léon GY, successeur)

1896

LES PRÉNOMS

DANS LE CANTON DE LONGUEVILLE (SEINE-INFÉRIEURE)

AUX XVIᵉ ET XVIIᵉ SIÈCLES

Par P. LE VERDIER

***

Ce n'est pas temps perdu que celui passé à feuilleter les registres de catholicité des paroisses rurales. Donnant, en effet, le catalogue des naissances, mariages et sépultures des habitants des campagnes, ces registres de l'ancien état-civil offrent, aux divers points de vue de l'histoire et de la statistique de précieuses ressources. On y trouve même parfois d'intéressants hors-d'œuvre. Suivant que, plus ou moins fidèle historiographe, le curé ou le vicaire, chargé de leur tenue, trouvait utile de conserver le souvenir de faits concernant sa paroisse, il ne craignait pas d'insérer, entre deux mariages, des notes étrangères à son sujet. C'est là, par exemple, qu'on peut rencontrer la mention des quelques actes, rares en ce temps, de la vie municipale des villages : les réunions du *commun* ou du *général* de la paroisse, qui se tenaient sous le porche, voire même anciennement dans l'église, les élections des collecteurs des

4

tailles ou du sel, du prévôt de la seigneurie, plus tard
celles du syndic (1). Ailleurs le curé note les proclama-
tions, les significations des sergents, faites devant la
porte, le dimanche, à l'issue de la messe paroissiale, et
reçoit sur son registre les signatures de quelques
électeurs ou témoins. Ailleurs encore un curé note des
événements extraordinaires, la visite d'un haut seigneur, d'un prélat, les accidents causés par le vent,
une épidémie, quelque grand travail accompli à

(1) « Ce jourd'huy dimanche... octobre 1700, issue de la messe parois-
siale a esté fait election des collecteurs par le general de lad. paroisse
pour l'année 1701. Premier collecteur, Jacques Bertelemy, second,
Jacques Bertelemy fils, troisième, Adrien Delacroix. Collecteur du sel,
Pierre Danet ; par Nicolas Le Boucher, Jean-Marie, Abraham Marie,
Nicolas Langlois, Jacques Secard, François Blondel. » (*Registres de
Belmesnil, 1700.*) — Souvent aussi le collecteur sortant élisait son
remplaçant : *sic*, mêmes registres, 1698.

« Ce jourd'huy 27 janvier 1727 nous principaux parroissiens et anciens
trésoriers et trésorier en charge, assemblés en état de commun, issue
de grande messe, après l'annonce faite au prosne et le son de la cloche,
pour procéder à l'élection d'un sindic pour l'année présente 1727, d'un
commun accord avons élu et élisons pour faire et gérer les fonctions de
sindic de cette paroisse de Belmesnil, élection d'Arques, la personne de
Jean-Baptiste Monnehard, laboureur, laquelle ellection a esté faite présence
de monsieur le curé, *etc*.

« Ce jourduy dimanche 29 de décembre 1726, nous principaux habitants
et anciens trésoriers de la paroisse de Belmesnil, assemblés en état de
commun, issue de messe paroissiale, après l'annonce faite au prone, et
au son de la cloche, en la manière accoutumée, pour proceder à l'elexion
d'un trésorier, d'un commun accord et d'une commune voix nous avons
elu et elixons la personne de François Cousin pour gerer les deniers
dud. trésor et faire les autres charges nesaicerre en ladite qualité de
trésorier pendant l'année 1727, ce que nous avons singné ce jourd'uy et
an que dessus. » (*Registres de Belm., 1726, 1727*).

Ces extraits permettent de reconnaître le système électoral du temps.

l'église (1). J'ai vu des registres, véritables confidents du pasteur, conserver mention de ses dépenses ou de ses affaires personnelles. Sur un feuillet de garde j'ai trouvé, quelque part, soigneusement inscrit le jour où la coche du presbytère avait mis bas ses petits : à ces innocents aussi, c'était un acte de naissance (2).

Ce sont là sans doute des exceptions, amusantes diversions à l'aride lecture des nomenclatures d'actes. Mais à s'en tenir à ce que les registres doivent donner, et le plus souvent d'ailleurs donnent exclusivement, il y a encore profit.

Dans une petite région de l'ancien pays de Caux, que je connais plus particulièrement, ayant appartenu autrefois à l'élection et à la vicomté d'Arques, et formant aujourd'hui le canton de Longueville, je me suis livré, en ouvrant ces registres, à une enquête sur l'usage en matière de prénoms, et j'ai fait porter mon examen sur deux époques, prises à cent ans d'inter-valle, au xviᵉ et au xviiᵉ siècles.

Et d'abord quelle période d'années peut-on exploiter ?

(1) « Anne Genevièfve de Bourbon, aagée de 58 ans et sept mois et demi, princesse du sang, douairière de Longueville, fille unique de Henry de Bourbon, 2ᵉ du nom, prince de Condé, et de Charlotte Marguerite de Montmorenci, décéda en son hostel aux fauxbourg St Jacques le samedi quinze avril mil six cens et soixante dix neuf, sur les quatre heures du matin. Chon corps repose dans l'eglise des Carmelites du fauxbourg St Jacques proche le corps de madame sa mere et de mes-demoiselles ses deux filles, et son cœur en l'abbaye de Port Royal des Champs. Priez Dieu pour le repos de son âme. Le Goupil pbre. » (*Registres de Crespeville*, ancienne paroisse réunie à Criquetot-sur-Longueville).

(2) *Registres de Gonneville-sur-Longueville*, canton de Tôtes.

Réglementés pour la première fois par l'ordonnance de Villers-Cotterets de 1539, puis de nouveau, en 1577, par celle de Blois, et enfin définitivement par la célèbre ordonnance de 1667 (1), les registres de paroisses donnent d'abord les baptêmes et les mariages, quelquefois les testaments ; les sépultures y apparaissent seulement après l'ordonnance de Blois. Enfin ils ne sont tenus en double expédition que depuis celle de Louis XIV. Jusque-là les registres étaient déposés au greffe du bailliage vicomtal : on continua pour l'un des doubles, et l'autre resta à la paroisse. Ce qui subsiste se trouve ainsi conservé aux greffes des tribunaux civils d'arrondissement, héritiers des bailliages, et aux mairies, héritières des paroisses (2).

Malheureusement, avant l'ordonnance de 1667, les cahiers étaient irrégulièrement tenus et irrégulièrement déposés ; de sorte que, si, d'une part, j'ai rencontré des séries à peu près complètes depuis 1670 ou 1680, pour toute la partie antérieure il faut se contenter de fragments, séparés par des vides plus ou moins considérables

(1) Ces redoublements de législation témoignent des hésitations de l'application : aussi les lacunes sont-elles fréquentes jusqu'à la fin du xviie siècle ; du xvie il ne reste d'ordinaire que des fragments.

(2) Ne pourrait-on pas émettre le vœu que les anciens registres, au moins dans les petits tribunaux, soient enlevés aux greffes ? Relégués la plupart du temps dans les greniers, ils sont la proie de la poussière et de tous les ennemis du papier. Malgré la bonne volonté des greffiers (et je remercie ici M. Domard, greffier en chef du tribunal de Dieppe, des facilités qu'il a bien voulu m'accorder), ces documents sont peu accessibles. Ne serait-il pas possible de les confier à la garde de conservateurs de profession, plus sensibles à l'attrait des vieilles écritures et moins absorbés par d'autres soins ?

et plus ou moins répétés. Je parle de la collection conservée au greffe du tribunal de Dieppe, car, pour ce qui est de celles des mairies, bien peu subsistent aujourd'hui pour l'époque antérieure à la Révolution.

Avec ces ressources incomplètes, voici ce que j'ai fait:

Opérant sur les vingt-neuf paroisses anciennes réunies aujourd'hui dans le canton de Longueville (1), j'ai relevé au greffe du tribunal civil de Dieppe tous les baptêmes des cinq dernières années du XVIIe siècle, 1695-1699 ; si parfois une année manquait, je prenais, quand il était possible, parmi les précédentes, une des plus voisines pour compléter. La même règle me conduisait à recueillir les baptêmes des années 1595 à 1599 : c'est ce que j'ai fait en principe. Mais, à cette époque, les lacunes sont très fréquentes : par suite, lorsque ces mêmes années faisaient défaut, je choisissais cinq autres, plus anciennes, consécutives autant que possible, et les plus rapprochées des années prises pour règle ; parfois, faute de mieux, je me contentais d'une année ou deux, quand je ne trouvais pas davantage. Trois paroisses n'ont pu rien me fournir pour le

(1) De ces vingt-neuf paroisses, dix-huit dépendaient autrefois du doyenné de Longueville, savoir : Anneville-sur-Scie, Bois-Robert, Bois-Hulin, la Chapelle-du-Bourgay, Le Catelier, Cent-Acres, la Chaussée, Étables, Sainte-Foy, le Mesnil-Saint-Germain, Saint-Honoré, Longueville, Manéhouville, Muchedent, Notre-Dame-du-Parc, Pelletot, Torcy-le-Grand, Torcy-le-Petit. Onze dépendaient du doyenné de Basqueville : Belmesnil, Bertreville, Crespeville, Saint-Crespin, Criquetot-sur-Longueville, Crosville, Denestanville, Heugleville, Lintot, qui n'était qu'une succursale, Saint-Ouen-bren-en-bourse, Vaudreville. L'ensemble forme maintenant vingt-trois communes.

8

xvi⁰ siècle ; trois aussi, rien pour le xvii⁰ siècle. De cette
façon, j'ai opéré sur un ensemble de cent années au
xvi⁰ siècle et de cent deux au xvii⁰, ensemble deux
cent deux années, qui m'ont permis de recueillir un
total de 1,536 prénoms donnés au baptême, 628 pour le
xvi⁰ siècle, 908 pour le xvii⁰, comprenant 767 prénoms
masculins et 769 féminins.

Les 1536 prénoms relevés se décomposent en 119
prénoms différents, savoir 63 masculins, 56 féminins :
le coefficient des patrons invoqués est donc sensiblement
le même du côté des hommes et du côté des femmes ;
celles-ci même, disséminant un peu moins leurs
affections, n'auraient pas été les plus mobiles.

On trouvera tous ces prénoms classés suivant l'ordre
alphabétique dans le premier des deux tableaux ici
annexés. La première colonne indique combien de fois
chaque prénom a été rencontré au xvi⁰ siècle, la
seconde, combien de fois au xvii⁰, la troisième donne
les totaux des deux premières. Les trois colonnes sui-
vantes font connaître dans combien de paroisses chacun
a été relevé, d'abord au xvi⁰ siècle, ensuite au xvii⁰, et
enfin aux deux époques réunies : il importait en effet de
pouvoir vérifier si le prénom était d'un usage général
ou fréquent dans la contrée, ou bien s'il était accidentel
ou particulier à une localité.

Un deuxième tableau donne la liste des mêmes prénoms, au moins les principaux, classés, à chacune de
nos époques, suivant l'ordre numérique : on pourra
ainsi mesurer la faveur dont chacun a pu jouir, et
observer ceux dont la vogue a diminué ou augmenté
d'un siècle à l'autre.

| PRÉNOMS | | NOMBRES RECUEILLIS | | | | NOMBRE DES PAROISSES OU LE PRÉNOM S'EST RENCONTRÉ | | |
MASCULINS	FÉMININS	au XVIe siècle	au XVIIe siècle	TOTAL		au XVIe siècle	au XVIIe siècle	aux deux époques réunies
Abraham	.....	....	1	1		....	1	1
Adrien	.....	17	14	31		13	11	19
	Adrienne	4	2	6		2	2	4
	Agnès	3	....	3		3	....	3
Alexandre	.....	1	....	1		1	....	1
André	.....	5	5	10		1	4	5
	Anne	23	70	93		10	24	25
	Annette	3	....	3		3	....	3
Antoine	.....	11	17	28		7	13	18
	Antoinette	11	2	13		7	2	9
	Dont : Toinette	(3)	(1)	(4)		(2)	(1)	(3)
Aubin	.....	1	....	1		1	....	1
	Angélique	....	2	2		....	2	2
	Barbe	1	....	1		1	....	1
	Blanche	1	....	1		1	....	1
	Cardine	1	....	1		1	....	1
Catherin	.....	2	....	2		2	....	1
	Catherine	28	62	90		16	21	24
	Cécile	4	3	7		2	3	5
Charles	.....	17	17	34		9	12	16
	Charlotte	3	3	6		3	3	6
Christophle	.....	2	2	4		2	2	4
	Claire	....	1	1		....	1	1
Claude	.....	7	5	12		5	5	10
	Colette	13	....	10		5	....	5
Cosme	.....	1	....	1		1	....	1
Crépin	.....	1	....	1		1	....	1
David	.....	1	....	1		1	....	1
	Denise	1	....	1		1	....	1
	Diane	1	....	1		1	....	1
	Elizabeth	....	4	4		....	3	3
Etienne	.....	2	6	8		2	5	7
	Etiennette	4	....	4		4	....	4
	Dont : Thiénote	(3)	....	(3)		(3)	....	(3)
	Fleurence	1	....	1		1	....	1
Florestan	.....	....	1	1		....	1	1
François	.....	16	54	70		8	20	22
	Françoise	15	26	41		10	14	20

Catherin / Catherine : Ensemble 24 par.

PRÉNOMS		NOMBRES RECUEILLIS				NOMBRE DES PAROISSES OU LE PRÉNOM S'EST RENCONTRÉ			
MASCULINS	FÉMININS	au XVIᵉ siècle	au XVIIᵉ siècle	TOTAL		au XVIᵉ siècle	au XVIIᵉ siècle	aux deux époques réunies	
Gabriel	…	…	1	1		…	1	1	Ensemble 3 par.
	Gabrielle	2	2	4		2	1	3	
Gédéon	…	2	…	2		2	…	2	
	Geneviève	…	4	4		…	4	4	
Gervais	…	1	…	1		1	…	1	
Gilles	…	4	…	4		3	…	3	Ensemble 6 par.
	Gillette	3	…	3		3	…	3	
Guilbert	…	2	…	2		2	…	2	
Guillaume	…	19	10	29		13	6	16	Ensemble 18 par.
	Guillemette	5	…	5		5	…	5	
	Hélène	7	…	7		6	…	6	
Henri	…	…	3	3		…	2	2	
Hoger	…	1	…	1		1	…	1	
Hubert	…	1	1	2		1	1	2	
Isaac	…	…	2	2		…	2	2	
	Isabeau	5	…	5		4	…	4	
Jacques	…	27	42	69		12	18	22	Ensemble 23 par.
	Jacquette	1	…	1		1	…	1	
	Jacqueline	9	1	10		6	1	7	
Jean	…	55	51	106		23	18	26	
Jean-Baptiste	…	…	6	6		…	4	4	
	Jeanne	27	8	35		12	6	15	
Jonas	…	1	…	1		1	…	1	
Joseph	…	…	2	2		…	2	2	
	Justine	1	…	1		1	…	1	
Laurans ou Laurent	…	7	1	8		5	4	5	Ensemble 7 par.
	Laurence	2	…	2		2	…	2	
	Liénord	1	…	1		1	…	1	
Louis	…	13	25	38		7	14	17	Ensemble 49 par.
Dont : Loys	…	(1)	…	(1)		(1)	…	(1)	
	Louise	8	2	10		5	2	7	
	Louison	1	…	1		1	…	1	
Lucas	…	1	…	1		1	…	1	Ensemble 2 par.
	Lucette	1	…	1		1	…	1	
	Lya	1	…	1		1	…	1	
	Madeleine	8	41	49		7	19	19	
Marc	…	3	…	3		1	…	1	
Marguerin	…	1	…	1		1	…	1	Ensemble 24 par.
	Marguerite	28	63	93		16	21	24	

PRÉNOMS		NOMBRES RECUEILLIS			NOMBRE DES PAROISSES OU LE PRÉNOM S'EST RENCONTRÉ			
MASCULINS	FÉMININS	au XVIe siècle	au XVIIe siècle	TOTAL	au XVIe siècle	au XVIIe siècle	aux deux époques réunies	
	Marie	23	163	186	13	25	27	Ensemble 27 par.
	Mariette	2	....	2	2	....	2	
	Marion	11	....	11	7	....	7	
Marin		1	....	1	1	....	1	Ensemble 2 par.
	Marine	....	1	1	....	1	1	
	Marthe	2	3	5	2	2	4	Ensemble 4 par.
Martin		4	1	5	3	1	4	
	Martine	....	3	3	3	....	3	
	Massette	2	....	2	2	....	2	
Médard		....	1	1	....	1	1	
	Melline	2	....	2	2	....	2	
Michel		8	24	32	7	14	18	Ensemble 20 par.
	Michelle	3	....	3	3	....	3	
Moreau		1	....	1	1	....	1	
Nicolas		47	78	125	21	23	26	Ensemble 26 par.
	Nicolle	3	....	3	3	....	3	
Noël		2	1	3	2	1	3	Ensemble 5 par.
	Noëlle	....	2	2	....	2	2	
Nobert		2	....	2	2	....	1	
Olivier		1	1	2	1	1	2	
Pasquet		1	....	1	1	....	1	
Paul		....	2	2	....	2	2	Ensemble 3 par.
	Pauline	1	....	1	1	....	1	
	Perrette	5	....	5	5	....	5	
	Perrine	2	....	2	2	....	2	
Pierre		14	42	56	7	18	19	
Philippe		....	1	1	....	1	1	Ensemble 3 par.
	Philipote	4	....	4	2	....	2	
Raoul		....	2	2	....	1	1	Ensemble 4 par.
Raulin		4	....	4	3	....	3	
Regnault		1	....	1	1	....	1	Ensemble 3 par.
René		1	1	2	1	1	2	
Richard		4	....	4	4	....	4	
Robert		7	4	11	7	2	9	
Roger		3	....	3	3	....	3	
Romain		1	1	2	1	1	2	
Salomon		1	....	1	1	....	1	
Sandret		3	....	3	2	....	2	
	Suzanne	3	5	8	3	4	6	

PRÉNOMS		NOMBRES RECUEILLIS				NOMBRE DES PAROISSES OU LE PRÉNOM S'EST RENCONTRÉ		
MASCULINS	FÉMININS	au XVIᵉ siècle	au XVIIᵉ siècle	TOTAL		au XVIᵉ siècle	au XVIIᵉ siècle	aux deux époques réunies
	Thérèse........	....	3	3		....	3	3
Thomas........	....	2	7	9		3	5	7
Toussaint......	....	1	....	1		1	....	1
Vincent........	....	2	....	2		2	....	2
	Yolande........	4	1	5		4	....	4
	Dont : Yolante.	(3)	....	(3)		(2)	....	(2)
	Dont : Yolette..	(1)	....	(1)		(1)	....	(1)
Zénon.........	,.............	1	....	1		1	....	1
TOTAUX................		628	908	1.536		....	....	....

Soit............. 767 prénoms masculins.

Soit............. 769 prénoms féminins.

Total.......... 1.536

29 paroisses étudiées.

PRÉNOMS MASCULINS

PRÉNOMS	au XVIe siècle	n°s d'ordre	PRÉNOMS	au XVIIe siècle
Jean	55	1	Nicolas	78
Nicolas	47	2	François	54
Jacques	27	3	Jean	51
Guillaume	19	4	Jacques	42
Adrien	17	5	Pierre	42
Charles	17	6	Louis	25
François	16	7	Michel	24
Pierre	14	8	Antoine	17
Louis (12), Loys (1)	13	9	Charles	17
Antoine	11	10	Adrien	14
Michel	8	11	Guillaume	10
Claude	7	12	Thomas	7
Laurent	7	13	Etienne	6
Robert	7	14	Jean-Baptiste	6
André	5	15	André	5
Martin	4	16	Claude	5
Raulin	4	17	Robert	4
Gilles	4	18	Laurent	1
Thomas	2	19	Martin	1
Etienne	0	20	Raulin	0
Jean-Baptiste	0	21	Gilles	0

PRÉNOMS FÉMININS

PRÉNOMS	au XVIe siècle	n°s d'ordre	PRÉNOMS	au XVIIe siècle
Marie (23), Mariette (2), Marion (11) } Marie	36	1	Marie	163
Catherine	28	2	Anne	70
Marguerite	28	3	Marguerite	65
Jeanne	27	4	Catherine	62
Anne (23), Annette (3)	26	5	Madeleine	41
Françoise	15	6	Françoise	26
Colette (10), Nicolle (3)	13	7	Jeanne	8
Antoinette, (8) Toinette (3)	11	8	Elizabeth	4
Jacqueline (9), Jacquette (1)	10	9	Cécile	3
Louise (9), Louison (1)	9	10	Adrienne	2
Madeleine	8	11	Antoinette (1), Thomette (1)	2
Hélène	7	12	Louise	2
Isabean	5	13	Jacqueline	1
Guillemette	5	14	Yolande	1
Perrette	4	15	Colette, Nicolle	0
Adrienne	4	16	Etiennette, Thiénote	0
Cécile	4	17	Guillemette	0
Etiennette (1), Thiénote (3)	4	18	Hélène	0
Philpote	4	19	Perrette	0
Yolande (3), Yolette (1)	4	20	Philpote	0

Du côté des garçons, c'est Nicolas qui tient le record de la popularité ; s'il n'est que bon second au xvi° siècle, il est premier avec une forte avance au xvii°, et inversement Jean, qui tenait d'abord la tête, passe alors au troisième rang. Avec eux, Jacques et François sont les plus recherchés ; Pierre, Louis, Michel, Étienne gagnent des places au xvii° siècle, Guillaume, Adrien et Charles en perdent par compensation ; Antoine s'est maintenu ; Laurent est délaissé ; Claude, Robert, André, Martin n'ont plus que de rares fidèles. Baptiste ou Jean-Baptiste et Joseph ne paraissent pas avant le xvii° siècle.

Du côté des filles, moins de variété. Ce sont Catherine, Marguerite, Jeanne et Anne qui ont d'abord le plus de filleules ; Marie ne vient qu'après, car on ne peut guère compter comme inspirées par la Sainte Vierge les Mariette et les Marion qui l'accompagnent. Mais au xvii° siècle c'est évidemment la dévotion à la Mère du Christ qui suscite les cent soixante-trois Marie, laissant cette fois bien loin derrière elles les Marguerite, Anne et Catherine qui la précédaient tout-à-l'heure. Madeleine est venue les rejoindre ; Jeanne est maintenant plus négligée ; Françoise est en faveur comme François. Et voilà les principaux prénoms que se partageaient nos grand'mères, aux environs de Longueville ; les autres ne leur étaient distribués qu'avec parcimonie : pourtant le voisinage des Nicolas, Jacques, Antoine a fait germer d'abord un groupe sérieux de Collette, Antoinette, Jacqueline, mais dans la suite la mode en a passé.

On peut observer que les noms d'hommes féminisés,

assez en faveur à la première époque, sont en baisse au xvii⁰ siècle : alors plus ou presque plus de Colette, Nicole, Antoinette, Jacquette, Jacqueline, Guillemette, Perrette, Perrine, Etiennette, Lucette, Gillette, Phlipote, Massette (féminin de Mathieu, diminutif de Thomas) ; de même les noms féminins masculinisés ont disparu : tels, Catherin, Marguerin.

Les diminutifs et les formes familières, que les générations précédentes semblent avoir affectionnés, sont abandonnés aussi : plus de Marion, Mariette, Massette, Jacqueline, Liénord, Annette, Louison, Toinette, Thiénote, Lucas, Raulin, Sandret.

Les noms *moyenageux* ne sont plus qu'un souvenir au xvii⁰ siècle : si je trouve encore une Yolande, je ne trouve plus une seule fois Hoger, Moreau, Pasquet, Regnault, Guilbert, et même sont effacés des noms moins archaïques comme Richard, Aubin, Cosme, Roger, Nobert, Barbe, Isabeau.

Au point de vue philologique, il faudrait remonter plus haut pour faire des observations sérieuses. Au xvi⁰ siècle, en effet, les formes sont fixées. Dire que Loys se rencontre parfois, que Isabeau n'est pas encore devenu Isabelle sont des remarques sans valeur.

Je n'ai pas constaté non plus qu'il y ait eu, aux deux époques observées, des noms nobles et des noms roturiers : seigneurs ou vassaux, damoiselles ou filles se vouent aux mêmes patrons. Comment en serait-il autrement d'ailleurs, si les deux classes se prêtent mutuellement des parrains et des marraines, et si ce sont ceux-ci qui imposent les prénoms, comme je le conclurai ?

Il serait intéressant de rechercher quelles influences ont dicté le choix des noms de baptême. Je l'ai tenté. J'ai fait porter mon examen successivement, et je puis ajouter sans succès, sur toutes les causes qui, à mon sens, pouvaient être efficaces ; j'en consignerai ici les résultats, et je conclurai que, dans le passé, et le présent imite assez le passé sous ce rapport, il ne faut guère chercher d'explication à la faveur des prénoms que dans le caprice ou la mode.

La piété ou les dévotions particulières, qu'il convient tout d'abord d'interroger (le patron n'est-il pas en effet, et selon la foi catholique et suivant l'étymologie, le premier intercesseur offert à chacun auprès de Dieu ?), la piété et les dévotions aux saints m'ont paru n'avoir eu qu'un médiocre effet. Cette observation s'accentue d'ailleurs d'autant plus que l'on remonte davantage dans le passé. C'est seulement au XVIIe siècle que commence à s'accuser un peu l'influence des personnages de l'Évangile ; auparavant ils s'effacent, et, quand le sentiment religieux intervient, ses préférences vont d'ordinaire à quelques saints populaires qui n'ont rien de commun avec les temps apostoliques.

On en trouvera la preuve dans les tableaux joints à cette étude. Sans doute au XVIIe siècle, mais à ce moment seulement, un élan incontestable voue à la Sainte Vierge l'immense majorité des filles, et entraine à sa suite sainte Anne et sainte Madeleine, qui gagnent aussi en faveur. Saint Pierre, saint Michel aussi, semblent alors un peu moins oubliés ; sainte Marthe, sainte Élizabeth obtiennent quelques représentants ;

mais il ne faut pas oublier que c'est à cette époque seulement que, complètement oubliés jusque-là, saint Joseph et saint Jean-Baptiste apparaissent pour la première fois : encore ne recueillent-ils, le premier, que deux, le second, que six filleuls. Mais en même temps le succès continue à s'affirmer des Nicolas, des François, des Marguerite, des Catherine. Enfin ne peut-on pas dire que la foi chrétienne est sans influence sur le choix des prénoms quand on voit, au xviᵉ siècle, presque ou tout à fait délaissés les princes des apôtres, Pierre et Paul, et venir simplement au rang des Marguerite et des Catherine et Françoise, malgré l'insigne dévotion que lui avait vouée la Normandie pendant le Moyen-Age, la Vierge Marie, la mère du Rédempteur (1). Et la constatation serait encore bien plus accentuée si l'on remontait aux siècles précédents : alors, en effet, les prénoms sont légion qui n'ont pas ou ne paraissent pas avoir de représentant au ciel.

Lorsque s'exerçait le sentiment religieux, c'était d'une façon plus naïve et plus populaire : on en trouve la preuve dans les nombreux filleuls que le xviᵉ et le xviiᵉ siècles ont voués à sainte Marguerite, qu'invoquaient les femmes en couches ; à sainte Catherine,

(1) Canel (*Blason populaire de la Normandie*, I, p. 96) rapporte ce dicton :

Saint Martin et sainte Marie
Se partagent la Normandie.

A l'exagération près, ce dicton peut bien avoir quelque vérité à l'égard des vocables des églises ; en ce qui concerne les prénoms, il est faux, et, vis-à-vis de Marie, il l'est d'autant plus qu'on remonte plus loin dans le passé.

18

la patronne des filles, petites et grandes, et non pas
seulement des vieilles filles, comme disent les méchantes
langues ; à saint Nicolas, le patron des garçons.

Saint Jacques et saint Jean sont incontestablement
affectionnés aux deux époques que j'ai étudiées : ils
l'ont toujours été. Pourquoi ? La raison m'échappe pour
saint Jean ; ce prénom a été très répandu pendant le
Moyen-Age : je suis tenté d'en expliquer la vogue, pour
le temps qui a suivi, par le simple effet de l'habitude.
Quant à saint Jacques, ce n'est pas à sa qualité d'apôtre
qu'il a dû la faveur dont il a joui anciennement, mais bien
au pèlerinage de Saint-Jacques-de-Compostelle, et, aux
époques qui nous occupent, ce n'est plus que la force
acquise qui le conserve. En effet, les grands pèlerinages
d'autrefois étaient, avec Jérusalem et Rome, ceux
de Saint-Jacques-de-Galice, de Saint-Gilles-en-Pro-
vence, de Saint-Michel-du-Mont ; mais il est évident
que ces dévotions, d'ailleurs très amoindries après le
Moyen-Age, et après la Réforme, sont devenues sans
influence quand je ne relève que quatre Gilles au
xvie siècle, dernier mais bien refroidi souvenir, et
aucun au xviie, et quand saint Michel ne reprend
faveur qu'à cette dernière époque, précisément alors
que son pèlerinage obtient moins d'éclat.

Ainsi je puis d'abord formuler une conclusion : dans
le choix des noms de baptême, l'influence de l'Évangile est effacée d'abord par les dévotions populaires,
celles-ci sont amoindries à leur tour au profit de la
première au xviie siècle, et, quand des faveurs anciennes
se conservent, c'est à la force de la coutume qu'elles le

doivent. En d'autres termes l'oubli des personnages des temps apostoliques est très marqué au Moyen-Age ; cette indifférence s'atténue par la suite, mais elle est encore très appréciable au XVI° siècle et même au XVII° : c'est tout ce que j'entends démontrer.

Les dévotions locales, qu'on aurait pu croire puissantes, m'ont paru sans action.

J'ai fait un premier examen : j'ai rapproché, dans chaque paroisse, le patron de l'église de la liste des prénoms qu'elle m'a fournis : aucune influence n'en résulte. Ainsi saint Valery, saint Remy, saint Georges, saint Martin, saint Julien, saint Laurent, saint Aubin, saint Germain, saint Honoré, saint Ouen, sainte Foy, saint Ribert, saint Denis, qui se partagent le patronage de seize des paroisses étudiées, n'ont pas trouvé un seul filleul dans les sanctuaires qui leur sont voués, soit à la première, soit à la seconde des périodes consultées. Notre-Dame, saint Jean-Baptiste, saint Nicolas même, partout populaire pourtant, sont tout à fait oubliés, à la première époque, dans les huit églises qui portent leur nom, et n'y reçoivent, à la seconde, qu'un mince honneur. Saint Pierre obtient un peu plus de fidélité de ses trois paroisses : Longueville lui donne d'abord quatre filleuls et plus tard un, la Chapelle-du-Bourgay un et un, Crosvile un et puis zéro. A Saint-Crespin, je trouve un Crespin en 1570. Et c'est tout. Pour être un peu moins accusée, peut-être, au XVII° siècle, l'indifférence à l'égard du patron du clocher n'en est pas moins manifeste.

J'ai porté ensuite mon examen, dans chaque paroisse, sur les vocables des autels secondaires, sur les saints dont des statues anciennes attestent la popularité, sur ceux qui y étaient — et y sont restés la plupart du temps — l'objet de pélerinages, sur les saints enfin qui sont en honneur dans le diocèse ou dans la contrée : là encore l'influence est nulle.

Ainsi les titulaires des chapelles rencontrent partout la même froideur, par exemple celles que j'ai trouvées, dédiées à saint Michel, à saint Gilles, à saint Ursin, à sainte Madeleine n'ont fait naître aucun représentant du même nom dans les paroisses qui les possédaient. Des pèlerinages en honneur, comme ceux de saint Ribert à Torcy et Anneville, de saint Firmin à Saint-Honoré, de saint Laurent à Pelletot, de saint Lubin à Saint-Ouen-Bren-en-Bourse, ne leur ont donné personne dans ces mêmes paroisses ; celui de saint Michel, l'un des plus fréquentés, doublé d'une confrérie du même nom, à Dénestanville, n'y a fait naître qu'un seul Michel au xvii⁰ siècle et aucun au siècle précédent ; celui de saint Adrien au Bois-Hulin, le grand pèlerinage de la région (1), ne correspond dans cette paroisse même qu'à deux Adrien au xvi⁰ siècle et n'en fournit aucun au siècle suivant : il est vrai que s'il n'a pas été prophète en son pays, on peut croire à son succès au-

(1) Aujourd'hui même, de plusieurs lieues à la ronde, le lundi de la Pentecôte, on se rend, soit isolément, soit processionnellement, clergé en tête, au pèlerinage de Saint-Adrien du Bois-Hulin, et ce n'est pas un spectacle banal que la réunion de plusieurs milliers de paysans entassés autour de la petite église de ce hameau, où les messes se succèdent et dans laquelle un tout petit nombre peuvent tour à tour pénétrer.

delà du village et attribuer à l'influence de son péle-
rinage les trente et un Adrien que je trouve dans la
contrée à mes deux époques réunies ; c'était d'ailleurs
un saint populaire, dont on rencontre la statue en
mainte église. Les confréries que j'ai pu noter de saint
Hubert, à Bertreville, de saint Laurent, à Pelletot,
n'ont pas été plus efficaces.

Quant aux saints les plus célèbres de la contrée, ceux
qui l'ont évangélisée : saint Ribert, saint Valery, saint
Waast ; ceux qui des premiers ont occupé le siège de
Rouen, comme saint Mellon, saint Godard, saint Filleul
ou Flavius, saint Evode ; ceux qui ont donné leur nom
aux puissantes abbayes de Saint-Ouen, Saint-Amand,
Saint-Wandrille, Saint-Philbert, toutes plus ou moins
riches en biens dans la contrée ; les saintes de qui les
pays qu'elles ont édifiés ont retenu les noms, comme
sainte Honorine, sainte Austreberthe, dont l'église de
Belmesnil garde une antique statue en grès : aucun
d'eux ne voit son nom porté même une seule fois dans
les paroisses que j'ai interrogées. Saint Romain, le
grand protecteur de son peuple, dont l'Ascension célèbre
tous les ans les bienfaits dans une cérémonie aussi
magnifique que populaire, dont la foire chaque année
fait descendre à Rouen le pays de Caux, saint Romain
n'obtient que deux filleuls. D'Amboise, le grand arche-
vêque rouennais, d'hier pourtant, ne vient pas au
secours du saint guerrier, dont j'ai trouvé cependant en
plusieurs églises de vieilles statues, et ne suscite pas un
seul Georges.

Que conclure de tout cela, sinon que ce n'est pas la

dévotion ni le culte des saints qui détermine le choix des noms de baptême ?

Après les souvenirs religieux, j'ai passé aux causes patriotiques ou politiques.

Le duc Guillaume doit sans conteste réclamer les innombrables Guillaume qui, dans notre province, ont longtemps attesté sa popularité. Toutefois celle-ci est déjà bien déchue au xvi° siècle ; les Guillaume se font plus rares, ils le seront tout à fait au xvii°. Mais Bertrand, le bon connétable, le comte de Longueville, ne voit personne relever son nom dans la contrée qui avoisine son château ; Jeanne, la Pucelle, malgré la procession annuelle de la Cathédrale de Rouen, ne peut, pas plus en Normandie que dans le reste de la France, revendiquer les Jeanne qui naissent à peu près dans toutes les paroisses.

Faut-il attribuer les trois Geneviève, de Criquetot, Muchedent et Sainte-Foy, de la fin du xvii° siècle, à l'héroïne de la Fronde, Anne-Geneviève de Bourbon, morte en 1679, et les trois Henri, de Cent-Acres et Saint-Honoré, au duc de Longueville, Henri, d'Orléans, son mari ? C'est fort douteux ; cependant ce sont peut-être là quelques rares exemples du fidèle et reconnaissant souvenir d'un fermier ou d'un serviteur.

Nos rois ne rencontrent pas plus d'écho. Au milieu même de son règne, le roi de la poule au pot n'obtient pas un seul Henri. Si Louis gagne quelques rangs dans la liste du xvii° siècle, en même temps François en gagne plus encore, un siècle et demi après la mort du roi-chevalier. La reine Anne, la bonne duchesse, n'a pas eu plus de puissance, puisque c'est en plein règne de Louis XIV que ce nom, déjà recherché auparavant, acquiert sa plus grande popularité.

L'action du protestantisme sur les prénoms s'est manifestée d'une façon incontestable. La noblesse cauchoise donna volontiers dans la Réforme, et c'est certainement à cette cause qu'il faut attribuer les Abraham, David, Gédéon, Isaac, Jonas, Salomon, Zénon, Diane, Lia, Suzanne que j'ai recueillis en divers lieux. Mais le catholicisme ayant repris sa place, j'ai eu l'occasion de constater le discrédit dans lequel tombèrent ces prénoms au XVIII° siècle.

Il faut maintenant conclure, et je crois pouvoir le faire sans hésitation. Si l'on met de côté l'influence de l'Ancien Testament au temps qui suivit la Réforme, ce n'est guère dans les sentiments religieux, ni dans les croyances populaires, pas du tout dans les sentiments patriotiques ni dans les affections politiques qu'il faut chercher la raison des noms de baptême en faveur. La mode, l'habitude les dictait presque toujours, et la tradition les perpétuait, non par voie d'hérédité directe, mais par une transmission que j'appellerais oblique, car c'était le nom d'un de ses parrains ou marraines que recevait le nouveau-né.

Je puis affirmer que dans l'immense majorité des cas le filleul recevait son prénom de l'un de ceux qui le présentaient au baptême : je l'ai constaté 501 fois sur 640 baptêmes à la première époque étudiée, 527 fois sur 701 baptêmes à la seconde, ensemble 1,028 fois sur 1,341 baptêmes observés à ce point de vue. C'était donc la règle. Et n'est-ce pas de là qu'est venue l'expression encore usuelle : nommer un enfant pour dire en être le parrain ou la marraine ; l'honneur de lui imposer le nom entraînait celui de lui transmettre le sien.

J'ai remarqué que c'est ainsi que se sont produites des attributions de prénoms assez insolites, rencontrés à l'état d'unités dans quelques paroisses. David, René, Lia, à Manéhouville, Marc, Melline, Fleurence à Dénestanville, Gabriel à Muchedent, Aubin à Saint-Ouen-Bren-en-Bourse, Médard à Anneville, Gervais à Saint-Honoré, Guilbert et Zénon à Heugleville, Yolande à Pelletot, Nobert à Belmesnil, dont je parlerai tout à l'heure avec la tribu des Isaac, ont tous reçu leur nom d'un parrain ou d'une marraine.

En même temps qu'ils transmettaient leurs noms, j'ai observé aussi que les parrains et marraines s'empruntaient volontiers de classe à classe, noblesse et tiers-état. Les seigneurs d'une paroisse, les membres de leur famille, femme ou enfants, les simples gentilshommes, habitant à l'ombre du même clocher, présentaient volontiers au baptême des enfants de condition roturière. Il est incontestable que dans nos campagnes cauchoises les classes étaient plus rapprochées jadis qu'aujourd'hui : les gentilshommes y étaient nombreux, ils résidaient constamment, un grand nombre étaient peu fortunés, et, si ce n'est qu'ils prenaient place sur un chapitre distinct, le chapitre des exempts, au rôle de la taille, leurs vies et leurs rangs acceptaient facilement d'être confondus.

Les registres des sacrements omettant souvent les qualifications nobiliaires, surtout à l'époque ancienne, mon examen n'a pu être qu'incomplet sur le chef qui nous occupe en ce moment ; si donc j'ai noté des parrains nobles à des filleuls roturiers quand les qualités le démontraient ou quand le nom qui pouvait m'être connu me le révélait, il est certain aussi que plusieurs cas qui devraient entrer en ligne de compte m'ont échappé. Et cependant j'ai pu observer un noble nommant un roturier 118 fois, au xvie siècle, sur 606 baptêmes, et 54 fois seulement, au xviie, sur 752 baptêmes, soit au total 172 fois sur 1,358 baptêmes qui pouvaient être examinés à ce point de vue. La proportion moyenne, 12.66 0/0 est notable ; on voit toutefois qu'elle s'abaisse d'un siècle à l'autre et de 19.47 descend à 7.18 0/0. C'est dans les paroisses de Longueville (le bailliage royal y retenait un certain nombre de personnes nobles ou vivant noblement), Manéhouville, Muchedent et Belmesnil que le cas m'a paru le plus commun.

Inversement j'ai rencontré assez fréquemment des filleuls nobles avec un ou plusieurs parrains ou marraines roturiers. Je n'ai relevé, aux deux époques réunies, que 42 baptêmes d'enfants nobles : 22 ont eu tous leurs parrains et marraines nobles, mais 19 ont eu un ou plusieurs parrains ou marraines roturiers ; c'est presque la moitié. La proportion a diminué au cours du xviiie siècle. Ce touchant exemple de fraternité chrétienne m'a paru bon à signaler. Il est rare aujourd'hui que ceux qui tiennent dans la société la place qu'occupaient autrefois les seigneurs, nomment les enfants de leurs fermiers ou de leurs serviteurs, et réciproquement ; jadis la chose semblait naturelle.

Les prénoms Nobert, Hector et Isaac de nos listes m'en fournissent des exemples assez remarquables.

Nobert, que je vois écrit invariablement Nobert, sans signe d'abréviation, et non Norbert, est assez répandu à Belmesnil du milieu à la fin du xvi⁰ siècle ; il en est de même du prénom Hector. Or, en 1570 environ, y demeurait Nobert de Larbre, écuyer, alors seigneur de cette paroisse, et y habitait aussi un autre gentilhomme, Hector Le Cler, écuyer, à la famille de qui échut bientôt, par mariage, la seigneurie de la même paroisse. Tous les deux figurent de temps en temps aux actes de baptême : c'est évidemment de là que bon nombre de manoirs ou de chaumières ont eu à Belmesnil leur Hector et leur Nobert.

Isaac se rencontre assez souvent au xvii⁰ siècle, même encore au xviii⁰, sur la rive gauche de la vallée de la Scie. Il y a été importé par des huguenots : Isaac Martel de Bacqueville, châtelain de Lindebeuf (1), Isaac Dumont, sieur de Bostaquet et de la Fontelaye l'auteur des *Mémoires*, le même qui, au xvii⁰ siècle, avait établi un prêche dans son fief de la Fontelaye (2),

(1) Je le vois en 1634 parrain, dans l'église de Belmesnil, aux baptêmes *catholiques* de Isaac Verdier, avec Marguerite de Montpellé, et en 1636, dans la même église, de Nicolas de Quiefdeville avec Marie Le Mercier.

(2) *Mémoires de Dumont de Bostaquet*, publiés par Waddington, p. 40.

Isaac de Civille, écuyer, sieur de Saint-Mards, qui en avait fait autant (1). Or, par l'effet du parrainage, et puis aussi par raison d'imitation, le prénom se propagea, passant à bien d'autres, nobles et non nobles, protestants ou bons catholiques, et parmi ces derniers je relève, entre autres, Isaac Suzanne, écuyer, sieur du Clariel, procureur fiscal du bailliage de Longueville ; Isaac Suzanne, écuyer, sieur de la Romaine, Isaac du Puis, à Biville-la-Rivière, frère du sieur de Royville, Isaac Fiéret, sieur de Baudribosc, à Saint-Pierre-le-Viger, Isaac Martel de Frion, président de l'élection d'Arques, Isaac de Thierry, sieur de la Motte à Beaunay, Isaac Le Verdier, bourgeois de Dieppe, demeurant à Belmesnil, etc., tous au milieu du XVIIe siècle : malgré leur catholicisme, ils acceptaient et transmettaient un prénom, qui n'a rien de chrétien ; le parrainage l'avait fait passer des trois seigneurs huguenots dans toutes les classes.

Je terminerai enfin cette étude par quelques dernières observations que m'a suggérées la lecture des registres paroissiaux.

Le Concile de Trente avait prescrit que l'enfant fût présenté au baptême par trois parrains et marraines, savoir : deux parrains et une marraine pour un garçon, un parrain et deux marraines pour une fille ; la règle m'a paru universellement suivie au XVIe siècle,

____

(1) *Hist. de la Réformation à Dieppe*, par G. et J. Daval, publiée par E. Lesens (Rouen, 1879), t. II, p. 195. — *Hist. de la persécution faite à l'église de Rouen*, publiée par E. Lesens (Rouen, 1874), p. 161.

mais elle tombe plus tard en désuétude, et, à la fin du
XVIIe, l'enfant n'est plus tenu sur les fonts, comme
aujourd'hui même, que par un seul parrain et une seule
marraine.

Au XVIe siècle, il ne reçoit qu'un seul prénom, c'est
seulement dans la suite qu'apparaissent les prénoms
doubles ou multiples ; ils deviennent assez fréquents à
la seconde période étudiée, 1695 à 1700. Alors j'en
rencontre 140 exemples sur 763 baptêmes ; à la période
précédente je n'en avais pas relevé un seul sur 628 baptêmes enregistrés.

Est-ce un hors-d'œuvre d'ajouter que, dans les
familles rurales du pays de Caux, il est assez d'usage
aujourd'hui (et cet usage doit venir de loin) de désigner
dans les relations domestiques l'aîné des garçons par
le nom patronymique seul : j'ai entendu des parents
appeler ainsi leur fils, sans recourir à son prénom. De
leurs droits anciens, c'est tout ce qui reste aux aînés de
Caux.

Un autre usage existe aussi, qui tend à laisser à la
femme mariée son propre nom de famille. Comme on l'a
connue, fille, sous son nom patronymique, on le lui
conserve, après son mariage, avec la forme féminisée
qu'il avait reçue : une fille Hamelet, Giffard, Vautier
ou Ledoux, mariée à un Dumont ou à un Duval, reste
pour le public une Hamelette, une Giffarde, une Vau-
tière ou une *Douche*, etc. Au XVIe siècle, pour revenir
à nos prénoms et clore avec eux ces notes, l'usage était
inverse, au moins dans les registres des sacrements.
En ce temps-là, en effet, et jusqu'en 1580, 1590 et

même 1600, les livres de catholicité ne désignent la femme mariée que par son seul prénom, ou, s'ils lui donnent un nom patronymique, ce n'est pas le sien, dont il n'est plus question, c'est celui de son mari (1).

S'il fallait donner une conclusion à cette étude, dont les dernières lignes, je l'avoue, contiennent plus d'une digression, je dirais que l'on se trompe si l'on croit que les familles, au moins en Normandie, avaient adopté des prénoms qu'elles se transmettaient fidèlement, et comme un patrimoine, de génération en génération. Si la chose a pu être vraie à une époque ancienne, et j'en doute, elle ne l'est plus, ou rarement, aux siècles qui se rapprochent du nôtre. La vérité c'est que le répertoire était peu étendu, l'esprit d'imitation, la coutume et la mode l'avaient limité, à ce point qu'une demi douzaine de prénoms de chaque sexe se partageaient à peu près toute la population d'un village ; ceux qu'apportaient les parrains se retrouvaient le plus souvent chez les parents ou chez les aïeuls de l'enfant, et ainsi ce qui n'était que l'effet du parrainage a souvent été pris pour le résultat d'une transmission héréditaire.

(1) Exemples : « 1547. Baptismata. 25 novembris Johannes Fosse, filius Caroli et Johanne ejus uxoris », etc. — « Registre des sépultures faites par moi, Claude Lengloys, pbre, c... e de la paroisse de Belmesnil, depuis l'an six cens jusqu'à ce jour (1614) : Jean Agasse; Jehanne, sa femme...; Michel Forestier ; Barbe, sa femme... ; Jehanne, femme de Hector Verdier... » etc. (*Registres de Belmesnil.*)